BEI GRIN MACHT SICH IHR
WISSEN BEZAHLT

Bibliografische Information der Deutschen Nationalbibliothek:

Die Deutsche Bibliothek verzeichnet diese Publikation in der Deutschen National-
bibliografie; detaillierte bibliografische Daten sind im Internet über http://dnb.d-
nb.de/ abrufbar.

Impressum:

Copyright © 2015 GRIN Verlag, Open Publishing GmbH
Druck und Bindung: Books on Demand GmbH, Norderstedt Germany
ISBN: 978-3-668-10845-5

Dieses Buch bei GRIN:

http://www.grin.com/de/e-book/311999/phantastische-kinder-und-jugendliteratur-
die-figurenkonstellation-im

Aischa Belmikdam

Phantastische Kinder- und Jugendliteratur. Die Figurenkonstellation im Roman "Schatten über Fraterna" von A. D. Hesse

GRIN Verlag

Humboldt Universität zu Berlin

Seminar: Kinder- und Jugendliteratur

Die Figurenkonstellation in dem phantastischen Kinder- und Jugendroman Schatten über Fraterna von A. D. Hesse

Studentin: Aischa Belmikdam

Erstfach: Französisch

Zweitfach: Deutsch

Master of Education 120 Sp

Inhaltsverzeichnis

1 Einleitung

Fremde Welten mit großartigen Landschaften und surrealen Orten, unbekannte, phantastische Wesenheiten ausgestattet mit magischen Kräften, wichtige Aufgaben, die es zu bewältigen gilt - all das sind Motive der phantastischen Kinder- und Jugendliteratur. Scheinbar unlösbare Aufgaben und Rätsel, die es zu meistern und zu enträtseln gilt, Elfen, Feen, Drachen, Vampire und furchteinflößende Mischwesen, wichtige Schätze, die es zu erobern gilt, Zeitreisen und Portale, die den Übergang in eine andere Welt ermöglichen - all diese Topoi und Motive sind Teil einer anderen, weit entfernten, fremden Welt. Diese Welt ist der Ort der Phantasie, der Träume und Ängste, eine Welt voller Magie, Wünsche, Sehnsüchte, aber auch der Ort der Albträume und Abgründe. Eine Welt, die zum Träumen, Nachdenken, Phantasieren und Miterleben anregt. Sie ist die Welt der phantastischen Literatur, die Welt, die uns Rezipienten in eine völlig fremde Sphäre reisen lässt und uns die normale und uns bekannte Welt um uns herum für eine gewisse Zeit über völlig vergessen lässt. Eine Welt, die uns spüren lässt, dass es mehr gibt als das Hier und Jetzt, und mehr als das, was wir sehen und von uns als real und damit existent eingestuft wird. Eine Welt, die mehr als nur das Reale kennt, die gleichzeitig auch das Übersinnliche und Magische beinhaltet, eine Welt, die all unsere Sinne anregt: Es ist die phantastische Welt der Kinder- und Jugendliteratur. Was genau macht dieses Genre aus? Wie sehen ihre Merkmale und Figurenkonstellationen aus und wie werden diese in die phantastische Welt integriert und mit der realen Welt vereinbart? Wie wird das Genre in der Forschungsliteratur definiert und was macht seine Subgenres aus? Wo liegen die Unterschiede zwischen der Fantasy, der phantastischen Literatur und der Science Fiction? All dies sind Fragen, auf die ich in dieser Arbeit näher eingehen werde. Dabei möchte ich mich auf ein konkretes Beispiel beziehen: Auf den phantastischen Roman „Schatten über Fraterna" von A. D. Hesse. Hierbei werde ich vor allem auf die Handlungsträger eingehen. Ich werde ihre Unterschiede und Gemeinsamkeiten in der realen und in der phantastischen Welt analysieren. Mit der Figurenanalyse ist auch die Handlungsanalyse eng verbunden, auf die ich daher auch im Verlauf dieser Arbeit eingehen werde.

Um einen genaueren Überblick zu verschaffen, möchte ich mit der Geschichte und der Entwicklung der phantastischen Literatur beginnen, die aus der mythologischen Literatur entstand und sich in der Tradition des Geschichtenerzählens im 18. Jahrhundert fortsetzte.

2 Historischer Überblick

Die phantastische Literatur hat ihre Ursprünge in der mythologischen Literatur. Zu ihren ersten (mythologischen) Werken gehören die *Geschichte des gestrandeten Seefahrers* sowie das babylonische *Gilgamesch-Epos*. Beide entstanden 2000 vor Christi Geburt.[1] Die mythologische Literatur war von der Tradition des Geschichtenerzählens geprägt. Diese bediente sich alter Sagen, Mythen und Märchen.[2] Mit der zweiten Hälfte des 18. Jahrhunderts fand eine Entwicklung statt: Das Genre erhielt endlich nach „langjähriger Geringschätzung" seine verdiente Anerkennung. Es stellte nun einen anerkannten „Gegenpol zur Ratio" innerhalb der Epoche der Romantik dar.[3] Viele Texte aus dem 19. Jahrhundert, die sich „sonst klarer Kategorisierung entziehen ließen, lassen sich als ‚Proto-Fantasy' lesen".[4] Zu diesen sogenannten „Proto-Fantasy-Texten" zählen The *Water-Babies* von Charles Kingsley, das 1863 entstanden ist, Alice *Adventures in Wonderland* von dem britischen Schriftsteller Lewis Carrol, das 1865 erschienen ist und *The Princess and the Globlin*, das 1872 veröffentlicht wurde und von dem Autor George Mac Donald stammt.[5] Letztere lieferte auch den ersten wichtigen Impuls zur "normativen Zentrierung des Genres" im Jahre 1895. In *The fantastic imagination* bezeichnete er die phantastische Literatur als eine Literatur, die von einem doppelten poetischen Impuls geprägt sei. Zum einen von der *poiesis*, dem Schaffen des textimmanenten Erzählkontinuums, zum anderen aber auch von der *mimesis*, der außerliterarischen Welt als Ausgangspunkt oder Kontrastfolie".[6]

Ein weiterer großer Schriftsteller, der bekannt durch seine *Der Herr der Ringe* Triologie wurde, prägte den Begriff der *Fantasy* noch stärker: J. R. Tolkien war derjenige, der die phantastische Literatur als eine Literatur bezeichnete, die um das kreist, was er *secondary creation* nannte. Tolkien zufolge ist der „Autor ein Zweit-Schöpfer analog zur jüdisch-christlichen Gottesvorstellung, der seine Figuren in eine eigene Welt stellt, die es ihnen gestattet, stellvertretend für den Leser Trost und Erlösung zu erlangen".[7] Hierzu prägte er den Begriff der *eucatastrophe*.[8] „Dabei bedient er sich einer quasimythischen Einkleidung".[9]

---

[1] Vgl.: Ebd.: S. 65.
[2] Vgl.: Gansel, Carsten. Moderne Kinder-und Jugendliteratur. Vorschläge für einen kompetenzorientierten Unterricht. 4. Überarbeitete Auflage. Berlin: Cornelsen Scriptor Verlag, 2010, S. 131.
[3] Brittnacher, Hans Richard, May, Markus (Hrsg.). Phantastik. Ein interdisziplinäres Handbuch. Stuttgart. Weimar: J. B. Metzler Verlag, 2013, S. 285.
[4] Ebd.
[5] Vgl.: Ebd.: S. 285.
[6] Brittnacher, Hans Richard, May, Markus (Hrsg.). Phantastik. Ein interdisziplinäres Handbuch. Stuttgart. Weimar: J. B. Metzler Verlag, 2013,S. 285.
[7] Ebd.
[8] Anm. d. Verf. : Tolkien prägte den Begriff der *eucatastrophe* im 20. Jahrhundert. Das Oxford dictionary schreibt hierzu folgendes: „A sudden and favourable resolution of events in a story; a happy ending" (vgl.: http://www.oxforddictionaries.com/definition/english/ eucatastrophe, aufgerufen am 15.05.2015.) Die Lösung wird führt hierbei zu einem positiven Ende der Geschichte, die eine Erlösung beim Rezipienten – Katharsis (siehe S. 5) innerhalb dieser Eukatastrophe zur Folge hat. Die Katharsis erfolgt demnach während der

Diese ist nicht ungewöhnlich für ihn, da er in Briefen immer wieder bedauerte, „dass England im Vergleich zu anderen europäischen Ländern auf keinen ausgeprägten Mythenschutz zurückgreifen könne".[10] Diesen Mangel wollte er mythologisch-poetologisch mit seinen Werken lindern. Die Kombination aus einer „Anderswelt im mythischen Modus, die auf den globalen Sagenschatz rekurriert" und die „Katharsis", die sie dem „Rezipienten in der Eukatastrophe" verschafft.[11]

Wie schon zuvor erwähnt waren für die kinderliterarische Phantastik des 19. und frühen 20. Jahrhunderts Ludwig Tiecks *Die Elfen*, die 1811 entstanden und E.T.A. Hoffmanns *Das fremde Kind*, das 1817 entstand, modellbildend. Zu den wichtigsten Werken dieser Gattung zählen *Der Herr der Ringe* von J. R. R. Tolkien und *Harry Potter* von Joanne K. Rowling. Ersteres wird als der „eigentliche Beginn des Genres angesehen" und mit den *Harry Potter* Werken entstand das berühmteste Werk der „aktuellen Populärkultur".[12] In den Zeiten nach 1945 wurde die phantastische Kinder- und Jugendliteratur durch die *Pippi Langstrumpf* Erzählung von Astrid Lindgren, die 1945 in Schwedischer und später im Jahre 1949 in deutscher Sprache erschien, stark geprägt.[13] Anschließend - in den späten 1960er Jahren entstand ein Wandel sowie auf nationaler als auch auf internationaler Ebene in Hinblick auf das Erzählmodell der phantastischen Kindererzählung. Dieser Wandel entstand durch die „veränderte Kindheitsauffassung, die Kinder nicht mehr als andere Wesen begreift, sondern den Erwachsenen prinzipiell gleichstellt". Erst im „späten 20. Jahrhundert" entstanden „kindliche Helden, die ganz allein unerklärlichen Erscheinungen ausgesetzt sind".[14] Beispielsweise „läuft in Antonio[s] Martinez-Menchéns *Pepito und der unsichtbare Hund* (1985, dt. 1990) der 8-jährigen Hauptfigur ein Hund hinterher, den nur sie wahrnimmt." der Mit der *Twilight*-Tetralogie, die 2005 erschienen ist, erreichte die Phantastik ihren Höhepunkt.

Mittlerweile herrscht im Bereich der phantastischen Literatur eine große „Formenvielfalt", die vor allem auf dem „grundlegenden Thema" der „profunde[n] Verunsicherung des modernen

---

Eukatastrophe, der eine plötzlich auftretende und günstige bzw. positive Lösung vorangegangen ist. Tolkien selber äußerte sich zu dem von ihm geprägten Begriff folgendermaßen: „[..] *the sudden happy turn in a story which pierces you with a joy that brings tears in your eyes. [...] The consolation of fairy stories, the joy of the happy ending: or more correctly of the good catastrophe, the sudden joyous turn [...]; this joy, which is one of the things which fairy-stories can produce supremely well, is not essentially escapist, nor furgitive. In its fairy-tale or other world – settings, it is a sudden and miraculous grace [...] It does not deny the existence of dyscatastrophe, of sorrow and failure : the possibility of these is necessary to the joy of deliverance; it denies [...] universal final defeat and in so far is evangelium, giving a fleeting glimpse of Joy – Joy beyond the walls of the world – poignant as greef"* (vgl.: http://tolkiengateway.net/wiki/Eucatastrophe, aufgerufen am 15.05.2015.)
[9] Ebd.
[10] Ebd.
[11] Ebd.
[12] Vgl: Ebd: S. 65 ff.
[13] Vgl.: Ewers, Hans-Heino. Literaturanspruch und Unterhaltungsabsicht. Studien zur Entwicklung der Kinder- und Jugendliteratur im späten 20. Und frühen 21. Jahrhundert. Bd. 85. Frankfurt am Main: Peter Lang Verlag, 2013, S. 286.
[14] Vgl.: Ebd.: S. 287.

Individuum[s]" und dem „Nervenkitzel" basiert. Dem gegenüber basierte die Phantastik des 19. und frühen 20. Jahrhunderts auf „der Andersartigkeit der kindlichen Weltsicht und deren Bewahrung in einer rationalen Umwelt".[15] Heutzutage wird die phantastische Literatur oftmals der *All Ages* Literatur zugeschrieben und spricht sowohl junge als auch erwachsene Leser an.[16]

Nach der „Befreiung vom Nationalsozialismus" im Jahre 1945 hatte die phantastische Kinder- und Jugendliteratur die Aufgabe, sich mit einem „Neubeginn" auseinanderzusetzen.[17] „Eine Annäherung an die Wirklichkeit der ersten Nachkriegsjahre gab es in der Kinder- und Jugendliteratur nicht".[18] Im Gegenteil - sie bevorzugte ein „Happy-End".[19] Bücher mit Titeln wie *Die Arche Noah* von der Autorin Margot Benary-Isbert sollten auf „das Familienleben" besinnen, obwohl viele Väter und Ehemänner noch wegen des Krieges vermisst wurden.[20] Die oben bereits erwähnten *Pippi Langstrumpf* Erzählungen von Astrid Lindgren, die „gegen das traditionelle Kinderbuch" auftraten, verursachten eine ‚Revolution in der Kinderstube'.[21] Zu erwähnen sei noch, dass die 50er Jahre von der „Zensur der [...] Besatzungsmächte" geprägt waren, die einen großen Einfluss auf die Veröffentlichung vieler Werke auch in Hinblick der (phantastischen) Kinder- und Jugendliteratur zur Folge hatte[22].

3 Die Phantastik

Allgemein lässt sich feststellen, dass es viele verschiedene Definitionen von phantastischer Literatur gibt. Oftmals wird die Phantastik mit der Fantasy gleichgesetzt. Das Dargestellte referiert auf die Bedingungen der kulturellen, außertextuellen Welt. Es enthält aber auch Komponenten, die dem darin als möglich Angenommenen widersprechen.[23] Die Fantasy ist ein Teil der phantastischen Literatur, dabei ist jedoch zu beachten, dass sie ein Subgenre der Phantastik darstellt und phantastische Literatur nicht immer Fantasy sein muss. Ich möchte

---

[15] Vgl.: Ewers, Hans-Heino. Literaturanspruch und Unterhaltungsabsicht. Studien zur Entwicklung der Kinder- und Jugendliteratur im späten 20. Und frühen 21. Jahrhundert. Bd. 85. Frankfurt am Main: Peter Lang Verlag, 2013, S. 291.
[16] Vgl.: Gansel, Carsten. Moderne Kinder-und Jugendliteratur. Vorschläge für einen kompetenzorientierten Unterricht. 4. Überarbeitete Auflage. Berlin: Cornelsen Scriptor Verlag, 2010, S. 131.
[17] Vgl.: Kaminski, Winfred. Einführung in die Kinder- und Jugendliteratur. Literarische Phantasie und gesellschaftliche Wirklichkeit. Juventa Verlag Weinheim und München 1989, S. 28.
[18] Vgl.: Ebd.
[19] Vgl.: Ebd.
[20] Vgl.: Ebd., S. 29.
[21] Vgl.: Ebd.
[22] Vgl.: Ebd.
[23] Müller, Jan-Dirk. Reallexikon der deutschen Literaturwissenschaft. Neubearbeitung des Reallexikon der deutschen Literaturgeschichte. Bd. III:P-Z. (o.a.). Walter de Gruyter Verlag, 2003, S. 68.

die einzelnen Begriffe bezüglich der Phantastik im Folgenden näher erläutern. Zunächst einmal gehe ich auf Todorovs Definition des Phantastischen ein.

3.1 Definitionen der Phantastik und phantastischer Literatur

Wie bereits eben erwähnt gibt es viele Definitionen zur phantastischen Literatur. Eine sehr klare Definition des Phantastischen gibt uns Tzvetan Todorov, der den Anstoß zur wissenschaftlichen Diskussion hinsichtlich der phantastischen Erzählliteratur gab. In seiner Abhandlung *Introduciton à la littérature fantastique*, die im Jahre 1970 in französischer Sprache publiziert wurde[24], definiert er das Phantastische als ein Genre, das vor allem durch den „Moment der Ungewissheit" und dem Verhältnis von „Realem und [...] Imaginären"[25] geprägt ist. Ferner beschreibt er das Phantastische folgendermaßen:

> „Es gibt eine unheimliche Erscheinung, die man auf zweierlei Weise erklären kann; nämlich entweder aus natürlichen Ursachen oder aber aus übernatürlichen. Die Möglichkeit der Unschlüssigkeit angesichts dieser Alternative schafft die Wirkung des Fantastischen."[26]

Diese Unschlüssigkeit zwischen natürlich real und übernatürlich surreal sei laut Todorov das Hauptmotiv von Phantastik. Ferner nennt er drei Hauptmerkmale, die es ausmachen: Zum einen die „Unschlüssigkeit des Lesers".[27] Zum anderen „impliziert" es „die Integration des Lesers in die Welt der Personen".[28] Außerdem sei „weder eine poetische noch eine allegorische" Lesart vorhanden.[29]

Um eine weitere, interessante Definition des Phantastischen zu nennen, die sich mehr auf die in diesem Genre auftretenden Phänomene „jenseits der Erfahrungswirklichkeit"[30] bezieht, verweise ich auf die Definition der Autorin Isa Schikorsky. Sie sieht den Unterschied zum Märchen in dem „Zwei-Welten-Modell", das in der Phantastik auftritt. Hierbei existieren eine „reale[...] und eine magische[...] Sphäre [, die hierbei, d. Verf.] konstitutiv [sind, d. Verf.] Des Weiteren beschreibt Schickorsky die phantastische Literatur auch als eine „Geschichte [, die, d. Verf.] die Irrationale als Erscheinung der magischen Welt unaufgeklärt" lässt.[31] Hierbei lässt sich feststellen, dass es bei diesem Genre nicht *die* einzig wahre Definition gibt, sondern gleich eine große Anzahl von möglichen Definitionen. Eine weitere sehr interessante Möglichkeit zur Bestimmung der phantastischen Literatur nennt Frank Weinreich in seinem

[25] Todorov, Tzvetan. Einführung in die fantastische Literatur. Fischer Taschenbuch Verlag Frankfurt am Main 1992, S. 26.
[26] Ebd.
[27] Todorov, Tzvetan. Einführung in die fantastische Literatur. Fischer Taschenbuch Verlag Frankfurt am Main 1992, S. 31.
[28] Ebd.
[29] Vgl.: Ebd.
[30] Schikorsky, Isa. Schnellkurs Kinder- und Jugendliteratur. 2. Auflage. Köln: Dumont Literatur und Kunstverlag 2003, S. 101.
[31] Vgl.: Ebd.

Werk „Fantasy". Hierbei stellt er die drei Haupt-Charakteristika der phantastischen Literatur vor. Dazu gehört zum einen ein Held bzw. eine Heldin. Diese/r Held/Heldin kann auch ein „negativer" bzw. „scheiternder" oder „unscheinbarer" Held sein. Diese „unscheinbaren" Helden treten oftmals in der phantastischen Kinder- und Jugendliteratur auf. Sie weisen „übernatürliche Aspekte" auf, „die in der Regel auf eine übermenschliche Stärkung oder ebenso übermenschliche Behinderung hinauslaufen".[32] Das bedeutet, dass sie selbst mit „übernatürlichen Fähigkeiten ausgestattet" sind oder „über Hilfsmittel" wie beispielsweise „magische Waffen oder Unsichtbarkeit verleihende Ringe, Helme oder Gürtel und Ähnliches" verfügen, „die ihnen gestatten, normalerweise existierende menschliche Beschränkungen zu überwinden. Oder sie sind eben andererseits mit übermenschlichen Hindernissen oder Behinderungen konfrontiert oder geschlagen, die ihre Aufgabe erschweren."[33] Gemäß Weinreich sind die „imaginären Welten" das zweite Charakteristikum der phantastischen Literatur. Hierbei kann es sich um eine „komplett von unserer Erde getrennte Welt oder sogar Dimension", aber auch lediglich um „einige relativ kleine, unbegrenzte Orte wie die Zauberschule *Hogwarts* [...] oder [...] komplette Welten, die auf der anderen Seite der Ekliptik liegen [...]" handeln.[34] Auch kann es sich Weinreich zufolge um Welten handeln, die auf einer „mehr oder weniger unbestimmten Realitätsebene gefunden werden".[35] Obwohl die imaginären Welten „fest mit der realen Welt verbunden sind", handelt es sich bei ihnen „um Welten, die auf irgendeine Weise mit der empirischen Realität der Welt, in der wir Leser leben, in einer Weise gebrochen haben, dass ein Zugang zu ihr seitens unserer Realität aus Sicht der Erzählung nicht möglich oder nur ausgewählten Personen möglich ist sowie dies aus Sicht der Leserin, des Lesers und der Naturwissenschaften prinzipiell unmöglich ist".[36] Die imaginären Welten „schöpfen [...] bewusst aus der realen Welt und kommentieren diese durch die Gestalt und den Inhalt der in ihnen spielenden Erzählungen".[37] Diese Welt betritt der Protagonist über die „Schleuse" und findet sich in einer anderen – phantastischen – Sekundärwelt wieder. Die imaginären Welten sind mit der „realen Welt" insofern verbunden, dass Topoi sowie Figuren aus der realen Welt sich in den Figuren der phantastischen Welt widerspiegeln. Diese Spiegelungen sind durchaus typisch für die phantastische Literatur. Das dritte Charakteristikum der phantastischen Literatur ist die Magie. Diese gilt hier als ein Faktum. Sie „wird zu allen möglichen Zwecken genutzt und oftmals auch auf den Status eines

---

[32] Ebd.
[33] Ebd.
[34] Vgl.: Ebd., S. 24 f.
[35] Vgl.: Ebd., S. 25.
[36] Ebd.
[37] Ebd., S. 26.

bloßen Werkzeuges reduziert".[38] Laut Weinreich besagt ein Gesetz des Genres, dass Magie „nur dann sinnvoll ist und die Spannung einer Geschichte zu erhalten vermag, wenn sie bestimmten Gesetzen und Restriktionen gehorcht, die es ermöglichen, echte Herausforderungen in die Erzählungen einzubauen". Des Weiteren ist Weinreich zufolge das Wesentliche der Magie, dass mit ihrer Hilfe „auch wieder ein Bruch mit der Realität erzeugt wird", wie es schon bei den Helden und der imaginären Welt der Fall ist. Der Bruch mit der Realität, die verschiedenen Welten und Topoi sowie das Erleben von Magie und surrealen Welten und Geschehnissen, all das macht die Phantastik und die phantastische Literatur aus. Ihre Abgrenzung zum Märchen liegt vor allem in dem Zweiweltenmodell, das in dem Märchen so nicht auftaucht. Durch den Zusammenfall zweier Welten tritt eine Irritation beim Rezipienten auf, die es beim Konsumieren von Märchen nicht geben kann, da hier das Surreale und Irreale nur in einer Welt auftritt und so „unser" Weltbild nicht zerstören kann.

3.2 Science Fiction und Fantasy

Zwei der wohl bekanntesten Subgenres der Phantastik sind die Science Fiction und die Fantasy. Ihr größter Unterschied liegt in der Technologisierung der Anderswelten. In der Science Fiction treten wissenschaftlich mögliche und erklärbare Wesen, Entwicklungen und Strukturen auf, die zwar heutzutage noch nicht existieren, jedoch durchaus denkbar in der Zukunft sind. Weinreich zufolge muss die Science Fiction „bei aller möglichen Exaggeration ihrer Ideen im Rahmen einer zumindest theoretischen wissenschaftlichen Plausibilität bleiben". Die Plausabilität bezieht sich auf einen gewissen Realitätsanspruch, der zwar so nicht (wirklich) gegeben ist, durchaus aber denkbar sein kann. Die Fantasy hingegen beinhaltet das Irrationale, das Nichterklärbare, das so nie in der Zukunft denkbar ist. Außerdem enthält sie die „Grenzüberschreitungen", die niemals in der Realität existieren könnten. Diese Grenzüberschreitungen könnte man „ebenso als Merkmal der Phantastik im engeren Sinn der Fantasy nennen." Hier wird davon ausgegangen, dass die „andere Welt, in die sie führt, mit den Naturgesetzen der bekannten Welt kompatibel ist."[39] Sie lässt das „oft in der Zukunft angesiedelte und technisch hergestellte Neue wissenschaftlich plausibel und rational begründet erscheinen".[40] Mohr sieht das Typische für die Science Fiction in der „starken Thematisierung von Technik und Wissenschaft"[41] Außerdem lässt sich die Fantasy in High und Low Fantasy unterteilen. Ersteres ist vor allem bekannt durch die *Der Herr der*

---

[38] Ebd., S. 26.
[39] Brittnacher, Hans Richard; May, Markus (Hrsg.). Phantastik. Ein interdisziplinäres Handbuch. Stuttgart. Weimar: J. B. Metzler Verlag, 2013, S. 318.
[40] Ebd.
[41] Mohr, Judith. Zwischen Mittelerde und Tintenwelt. Zur Struktur Fantastischer Welten in der Fantasy. Frankfurt am Main: Peter Lang Verlag, 2012, S. 24.

Ringe Werke von Tolkien. Hier existiert lediglich eine (Sekundär-)welt, die durch eine geschlossene Sekundärwelt mit keinerlei Kontakt zur Primärwelt gekennzeichnet ist. Ihr liegen eigene Welten mit eigenen Bewohnern zugrunde, die abgeschlossen und fernab von der Primärwelt leben. Sie beinhaltet eine „eigene Topografie, eine eigene Historie und diverse fantastische Lebewesen [, die, d. Verf.] mit zum Teil magischen Begabungen", ausgestattet sind [42]. Die Low Fantasy hingegen besteht aus einer offenen Sekundärwelt und steht in Kontakt mit der Primärwelt. Sie kann durch Schleusen und Portale erreicht werden. Ein Beispiel hierzu ist *Alice in Wonderland*. Alice erreicht das Wunderland durch das weiße Kaninchen, dem sie folgt und auf Grund dessen sie in den Tunnel fällt und in die Sekundärwelt gelangt. Des Weiteren seien noch die implizierten Welten erwähnt. Diese zeichnen sich dadurch aus, dass wundersame und phantastische Ereignisse in der Primärwelt auftreten. Dies können beispielsweise phantastische Figuren sein, die plötzlich in der realen Welt auftreten oder außergewöhnliche beziehungsweise nicht-reale Topoi sind. Ein Beispiel hierzu wäre das *Sams* von Paul Maars.[43] Diese Figur tritt innerhalb der realen existenten Welt auf, ist jedoch ein phantastisches Wesen, das eigentlich gar nicht in die reale Welt (Primärwelt) hineinpasst.

4 Die Phantastik in der Kinder- und Jugendliteratur

Marquardt zufolge enthält die phantastische Kinder- und Jugendliteratur neben dem Unterhaltungsmoment den Effekt, dass sich die jungen Leser mit dem „Buchhelden" identifizieren können und ihre geheimen „Wünsche und Träume wahrgemacht werden".[44] Das Interessante an der phantastischen Kinder- und Jugendliteratur sind die sogenannten „Leerstellen", die den jungen Lesern eine Vielzahl von Lesearten ermöglichen.[45] Im Gegensatz zu der phantastischen Kinder- und Jugendliteratur werden in der realistischen Kinder- und Jugendliteratur vor allem „Themen aus dem nahen Lebenskreis des Kindes" thematisiert.[46] Das Kind tritt hier „selbst als ein Handelndes auf, das etwas zustande bringt und sich an kleinen Aufgaben bewährt." In Abgrenzung zur phantastischen Literatur weisen die realistischen Kindergeschichten „die Realität so auf, wie sie ist, mit ihren schönen Seiten, aber auch mit all ihren Problemen und Konflikten, um bei dem lesenden Kind Anregungen für Problem- und Konfliktlösungen zu geben."[47] Das Kind lernt, die „gesellschaftliche und

---

[42] Vgl.: Mohr, Judith. Zwischen Mitelerde und Tintenwelt. Zur Struktur Fantastischer Welten in der Fantasy. Frankfurt am Main: Peter Lang Verlag, 2012, S. 22 f.
[43] Vgl.: Ebd.
[44] Vgl.: Marquardt, Manfred. Handbuch Kinder- und Jugendliteratur. 1. Auflage. Troisdorf: Bildungsverlag EINS 2010, 103.
[45] Vgl.: Gansel, Carsten. Moderne Kinder-und Jugendliteratur. Vorschläge für einen kompetenzorientierten Unterricht. 4. Überarbeitete Auflage. Berlin: Cornelsen Scriptor Verlag 2010, S. 131.
[46] Vgl.: Marquardt, Manfred. Handbuch Kinder- und Jugendliteratur. 1. Auflage. Troisdorf: Bildungsverlag EINS 2010, S. 102.
[47] Ebd.: S. 102.

soziale Umwelt" besser zu verstehen. Durch den Aspekt des „Wahrmachens" ihrer geheimsten Wünsche und Träume, können sie sich in der phantastischen Literatur zurückziehen und diese ausleben.

5 Die Figuren in dem phantastischen Roman „Schatten über Fraterna"

Der phantastische Roman „Schatten über Fraterna" weist ein typisches Merkmal der phantastischen Literatur auf: Die Figurenspiegelung in der Sekundärwelt. Neben dieser Figurenspiegelung weist er eine besondere Anlage auf: Eine Negativspiegelung in Hinblick auf die Figuren als auch auf die Interdependenzen der beiden Handlungsträger. Diese Negativspiegelungen, die Figuren- als auch die Handlungsanalyse stelle ich im folgenden Kapitel vor. Dabei beziehe ich mich auf die Autoren Fotis Jannidis, Martin Leubner und Anja Saupe.

5.1 Die Handlungsanalyse

Andreas Hesses Werk besteht aus drei Episoden[48] und vier für den Protagonisten entscheidenden Ereignissen. Die erste Episode beginnt innerhalb der realen Welt. Hierbei unterliegt der Protagonist Martin einer ersten Komplikation. Diese entsteht aus einer Mangelsituation[49] heraus: Seine Mutter ist verstorben. Dieser Mangel hat einen personellen Grund. Durch den Tod der Mutter entsteht eine neue Familienkonstellation: Die Schwester Sarah nimmt die Mutterrolle ein. Hierbei entstehen Abhängigkeiten und Rollenverschiebungen, die im Hinblick auf das geschwisterliche Verhältnis zu Konflikten führen. In dieser ersten Episode kommt es zwischen dem Geschwisterpaar auf einem Friedhof zu einem Streit, bei dem die Schwester so stark verletzt wird, dass sie ins Krankenhaus kommt und Gefahr läuft, zu sterben. Dieses erste Ereignis führt zu dem zweiten Ereignis: Der Unfall des Bruders. Aus Angst, die Schwester könne auch sterben (wie die Mutter zuvor), verlässt der Protagonist fluchtmäßig das Krankenhaus und läuft vor einen Bus. Die Lichter des Busses stellen die Schleuse in die Sekundärwelt dar. In der zweiten Episode erwacht der

---

[48] „Eine Erzählung umfasst dann mehrere Episoden, wenn sich mehrere zentrale Komplikationen finden lassen, die in einem engeren Zusammenhang stehen, zum Beispiel, indem sie Teilkomplikationen einer übergeordneten Komplikation und damit an dieselbe Figur gebunden sind. Erzählungen, die unterschiedliche Geschichten umfassen, sind seltener. In diesen Fällen weist die Erzählung mehrere zentrale Komplikationen auf, die eher lose miteinander verbunden sind, zum Beispiel durch Ähnlichkeits- oder Kontrastbeziehungen; außerdem sind Figuren und Schauplätze unterschiedlicher Geschichten häufig vollständig verschieden. Die in einer Erzählung verbundenen Geschichten können mehr oder weniger selbstständig sein oder der Ergänzung der Haupthandlung dienen" (Vgl.: Leubner / Saupe: Erzählungen in Literatur und Medien und ihre Didaktik. Baltmannsweiler: Schneiderverlag Hohengehren. 2006. S. 62). In dem Roman „Schatten über Fraterna" gibt es drei Episoden. Es finden sich mehrere zentrale Komplikationen vor. Diese teilen sich in mehrere Teilkomplikationen (die Unfälle der Handlungsträger und ihre Interdependenzen, worauf ich in der Figurenanalyse eingehe) auf. Die Komplikation und auch die Teilkomplikation sind an den Handlungsträger gebunden, der sich der zentralen Komplikation (Tod der Mutter) in der phantastischen Welt stellen muss.

[49] Der „zentrale Mangel , der die Handlung grundlegend bestimmt ist hier von personeller Natur, da der Tod der Mutter diesen Mangel hervorruft. Die Autoren Saupe und Leubner unterscheiden zwischen drei möglichen Gütern, die für die Figur wertvoll sind: Entweder ein Gut, das materieller, personeller oder ideellen Wert für die Handlungsträger hat (Vgl.: Leubner / Saupe: Erzählungen in Literatur und Medien und ihre Didaktik. Baltmannsweiler: Schneiderverlag Hohengehren. 2006. S. 60).

Protagonist auf demselben Friedhof. Nur befindet er sich dieses Mal nicht mehr in der realen, sondern in der phantastischen Welt. Dies wird dem Rezipienten sehr schnell deutlich, da „wundersame drachenähnliche Wesen" eingeführt werden, die über Zauberkräfte verfügen. In dieser Episode wird der Aspekt der Schädigung noch weiter ausgedehnt. Durch die erste *Schädigung* entstand für beide Protagonisten eine *Mangelsituation*, die die Autoren Martin Leubner und Anja Saupe in ihrem Werk „Erzählungen in Literatur und Medien und ihre Didaktik" unter dem Aspekt der *Komplikation* zusammenfassen. Bei dem Aspekt der *Komplikation* sei zwischen einer *Schädigung* und einer *Mangelsituation* zu unterscheiden. Die *Komplikation* bezieht sich immer auf ein Gut, das materieller, personaler oder ideeller Natur ist. Wenn dieses Gut der Figur abhanden gekommen ist oder droht, ihr abhanden zu kommen, liegt der Aspekt der *Schädigung* vor. Sollte dieses Gut erst gar nicht von der Figur besessen werden, sie es aber benötigt, liegt eine *Mangelsituation* vor, die eine *Komplikation* zur Folge innerhalb der weiteren Handlung hat. In dem Buch *Schatten über Fraterna* liegen gleich drei *Schädigungen* vor. Zum einen der Verlust der Mutter, woraus eine Mangelsituation entstand. Dieses *personale Gut* ist beiden Handlungsträgern, Schwester und Bruder, abhanden gekommen. Eine weitere *personale Schädigung* liegt in Hinblick auf den Protagonisten vor. Ihm ist sein Selbstvertrauen innerhalb der Primärwelt verloren gegangen, eine Folge des frühen Verlusts der Mutter. Eine weitere *Schädigung* für den Protagonisten ist die Schwester, die so schwer verletzt ist, dass sie eventuell sterben könnte. (Dieser - eventuelle - Verlust der Schwesterfigur hat ein Wiederauftreten eines Traumas beim Protagonisten zur Folge. Da die Trauerarbeit bezüglich der ersten *personalen Schädigung* - Tod der Mutter - hier noch nicht stattgefunden hat, entstehen bei ihm große Ängste, sodass er durch den Unfall der Schwester den Tod der Mutter wieder durchlebt.) Die dritte *personale Schädigung* steht in einem kausalen Zusammenhang mit dem Thema Verlust. Diese Schädigung bezieht sich auf den Handlungsträger direkt: Die Interdependenzen zwischen ihm und seiner Schwester verursachen ein niedriges Selbstbewusstsein und die Rollenverschiebungen (die Figur der Schwester nimmt die Mutterrolle ein) führen zu großen Komplikationen innerhalb der Familienstruktur. Die Schädigungen erfahren jedoch eine positive Auflösung zum Ende der dritten Episode: Diese Schädigungen (die neue Rollenverteilung, die das Geschwisterverhältnis in ein Ungleichgewicht gebracht hat und so einen unbewussten Hass seitens des Protagonisten auf die Schwester verursacht hat), die eng im Zusammenhang mit dem Tod der Mutter stehen, lösen sich positiv auf, indem eine neue Rollenkonstellation innerhalb der dritten Episode entsteht. Durch die Erlebnisse innerhalb der phantastischen Welt, wächst der Protagonist an seinen Fähigkeiten und übernimmt Selbstverantwortung.

Durch die Rettung des Königreichs und die Gesundung der Prinzessin Sarah, löst sich die Schädigung (sein niedriges Selbstbewusstsein und die damit zusammenhängende Interdependenz zu der Schwester Sarah in der realen Welt) positiv auf. Auch die Schädigung der Schwesterfigur (die ihr nicht „entsprechende" Rolle der Mutter einzunehmen) wird durch eine positive Auflösung beendet, indem der Protagonist die Interdependenzen nicht mehr zulässt und sich von der Figur der Schwester als Mutterfigur löst. Die Faktoren, die für die Komplikationen verantwortlich sind, stehen in allen drei Episoden in einem kausalen Zusammenhang. Der Tod der Mutter bedingt die neue Rollenverteilung sowie die Unzufriedenheit und die Unselbstständigkeit des Protagonisten, als auch die beiden tragischen Unfälle (den der Schwester als auch den der Hauptfigur). Die Auflösung aller drei Teilkomplikationen entsteht durch den Wandlungs- bzw. Reifungsprozess innerhalb der phantastischen Welt, in der die Hauptfigur zu einem Helden werden muss. Die vier entscheidenden Ereignisse, die der Handlungsträger erfährt, lassen sich unter dem Tod der Mutter, dem Unfall der Schwester (und ihren eventuell eintretenden Tod), den Unfall des Protagonisten und der erreichten Aufgabe, das phantastische Reich *Fraterna* zu retten, zusammenfassen.

Im Folgenden gehe ich auf die Figurenkonstellation und die Figurenmerkmale auf Grundlage der aktuellen Forschungsliteratur der Autoren Fotis Jannidis, Martin Leubner, sowie Anja Saupe ein.

5.2 Die Figurenanalyse

Die größte Bedeutung[50] haben die Handlungsträger Martin und Sarah in dem Roman „Schatten über Fraterna". Beide weisen eine zentrale Funktion auf, da die Komplikation beider Figuren die Handlung bestimmt. Die Figur des Fürsten Martins wird zur Heldenfigur und die Figur der Schwester zur Helferfigur[51]. Die Figur Sarah ist eine Helferfigur, da sie zur positiven Auflösung der Komplikation entscheidend beiträgt. In der realen als auch in der phantastischen Welt ist sie der Auslöser für die positive Entwicklung des Protagonisten, die die positive Auflösung der Komplikation bzw. Teilkomplikationen mit sich bringt. Die Teilkomplikationen, zu denen unter anderen auch die Interdependenzen zwischen den beiden Figuren Sarah und Martin und der Prinzessin und dem Fürsten gehören, stelle ich in der

---

[50] Der Aspekt der „Bedeutung der Figuren für die Handlung" stellt fest, welche Figuren für die Handlung einer Erzählung eine „zentrale Funktion aufweisen". Ferner soll danach gefragt werden, a) „ob sich eine Figur erkennen lässt, deren Komplikation für die Handlung grundlegend ist (Held).

[51] b) ob sich eine Figur erkennen lässt, die nicht mit dem Helden identisch ist, aber zur positiven Auflösung der Komplikationen entscheidend beiträgt oder beizutragen versucht (Helfer)" (Vgl.: Leubner / Saupe: Erzählungen in Literatur und Medien und ihre Didaktik. Baltmannsweiler: Schneiderverlag Hohengehren. 2006. S. 62).

folgenden, selbst von mir erstellten Grafik dar. Hierbei beziehe ich mich vor allem auf den Aspekt der negativen Figuren- als auch der negativen Interdependenzspiegelung. Dabei stelle ich die mehrdimensionalen Figuren der realen Welt denen der Sekundärwelt gegenüber. Zu beachten ist, dass es sich in der Sekundärwelt nur um eine mehrdimensionale[52] Figur, nämlich den Fürsten, und um eine eindimensionale Figur, die Prinzessin, handelt. Auf diesen Aspekt gehe ich im folgenden Kapitel auch näher ein.

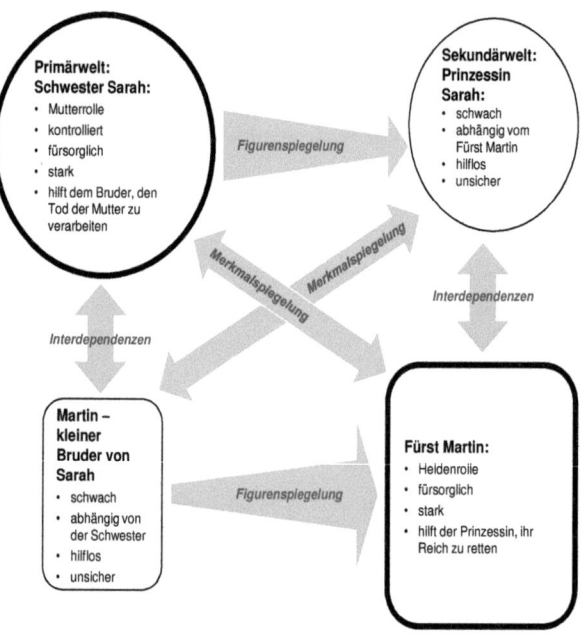

---

[52] Die Autoren Leubner und Saupe beschreiben unter dem Aspekt der Figurenkomplexität „mehrdimensionale" und „eindimensionale" Figuren folgendermaßen: „Mehrdimensionale Figuren ähneln realen Personen, während eindimensionale Figuren zum Beispiel als Personifikation einen abstrakten Begriff verkörpern oder als Typ bestimmte Verhaltensweisen oder soziale Gruppen repräsentieren" (Vgl.: Ebd., S. 63). Die Prinzessin stellt eine eindimensionale Figur dar, da sie nur als „Typ *Prinzessin*" charakterisiert wird, indem ihre Macht anhand von äußerlichen Figurenmerkmalen, „prunkvolles Kleid" beschrieben wird. Demzufolge ist sie eine Stereotype einer Prinzessin. Im Gegensatz hierzu ist die gespiegelte Figur Sarah eine mehrdimensionale Figur, die verschiedene Verhaltensweisen aufweist und diese einer realen Person gleichen. Beide Handlungsträger Martin als auch Fürst Martin sind in beiden Welten mehrdimensionale und dynamische Charaktere. Die Dynamik ist von der Statik einer Figur zu unterscheiden. Die Autoren beschreiben eine dynamische Figur als eine Figur, die ihre „relativ stabilen Merkmale (teilweise) verändert" und eine statische Figur als eine Figur, die „ihre relativ stabilen Merkmale nicht verändert" (Vgl.: Ebd.: S. 63). Der Handlungsträger verändert sich in der realen als auch in der phantastischen Welt. Seine stabilen Merkmale verändern sich von einem schwachen, abhängigen und hilflosen Charakter hin zu einem starken und unabhängigen Charakter hin, der anderen und sich selbst helfen kann. Die Mehrdimensionalität dieser Figur ist auch in beiden Welten vorhanden.

Wie die Grafik zeigt, spiegeln sich beide Handlungsträger in den Figuren des Fürsten und der Prinzessin in der Sekundärwelt wider. Die Merkmale und die Figuren sind insofern negativ gespiegelt, als dass man in der phantastischen Welt die Charaktermerkmale des jeweils anderen vorfindet. Die Schwächen, die den Handlungsträger Martin in der Primärwelt ausmachen, spiegeln sich in den Charaktermerkmalen der Prinzessin in der Sekundärwelt wider. Analog hierzu findet der Rezipient die Stärken der Schwester Sarah (aus der Primärwelt) in den Stärken des Fürsten Martin in der Sekundärwelt wider. Diese Negativspiegelung bezieht sich auch auf das Interdependenzverhältnis der beiden Handlungsträger. Die Interdependenzen zwischen der Schwester und dem Bruder in der Primärwelt, findet man in der Sekundärwelt zwischen der Prinzessin und dem Fürsten auch vor. Auch hier liegt eine Negativspiegelung vor: Innerhalb der Primärwelt ist der Bruder von der Schwester abhängig, sie stellt die starke Figur dar, die die Rolle der Mutter eingenommen hat. Innerhalb der Sekundärwelt sind diese Interdependenzen umgekehrt: Hier ist die Prinzessin von dem Fürsten abhängig. Auffällig ist, dass es sich bei beiden Figuren in der Primärwelt um dynamische[53] Entwicklungen der Charaktere handelt. In der Sekundärwelt stellt lediglich der Fürst eine Figur mit einer dynamischen Entwicklung dar. Die Prinzessin bleibt in ihrer Entwicklung statisch und weist dieselben (schwachen) Charaktermerkmale in der gesamten Episode innerhalb der phantastischen Welt auf. Die Mehrdimensionalität der Charaktermerkmale weisen innerhalb der Primärwelt auch beide Figuren auf: Der Handlungsträger zeigt widersprüchliche Charaktermerkmale auf, die sich auf das Verhältnis zu der Schwester beziehen. Einerseits ist er ein guter Bruder und stellt eine Figur dar, die positiv ist, jedoch hat er auch negative Eigenschaften und verachtet seine Schwester, da sie die Rolle der Mutter eingenommen hat und er sie indirekt für sein hilfloses Verhalten verantwortlich macht. Seine negativen Charakteranlagen sind demzufolge vor allem durch den Tod der Mutter geprägt. Die Mehrdimensionalität des Protagonisten ist nicht nur in der Primärwelt, sondern auch in der Sekundärwelt gegeben. Hier ist er einerseits der Fürst und Anführer seiner Gefolgschaft, dennoch hat er auch Ängste. Er muss sich von der Helferfigur Rasuth beraten lassen. Er ist nicht nur der starke Fürst, der der Prinzessin hilft, sondern auch ein schwacher kleiner Junge. Er muss lernen, zu kämpfen und sich und sein Volk zu

---

[53] Die Autoren Martin Leubner und Anja Saupe haben in ihrem Werk „Erzählungen in Literatur und Medien und ihre Didaktik" definieren die Komplexität einer Figur folgendermaßen: Eine mehrdimensionale Figur weist „viele, eventuell widersprüchliche Merkmale auf unterschiedlichen Ebenen". (Vgl.: Leubner / Saupe: Erzählungen in Literatur und Medien und ihre Didaktik. Baltmannsweiler: Schneiderverlag Hohengehren. 2006. S. 59.) auf. Des Weiteren unterscheiden sie zwischen „dynamischen" und „statischen" Figuren. Hierbei beziehen sie sich auf die Autoren Forster, Shlomith Rimmon-Kenan und Hans-Werner Ludwig. Diese definieren eine „dynamische"[53] Figur, die sich durch eine „Entwicklung" in ihren Charaktermerkmalen ausmacht (Vgl.: Ebd.: S. 63).

verteidigen, wenngleich er sich diese Verantwortung nicht zutraut. Mehr und mehr entwickelt er sich in der Sekundärwelt zu einem starken Fürsten, der lernt, sich auf sich selbst zu verlassen und seine Stärken zu schätzen. Auch die zweite Handlungsträgerin, die Figur der Schwester, ist ein mehrdimensionaler Charakter, jedoch nur in der Primärwelt. Zu Beginn der Handlung wird sie als hilfsbereit und liebevoll ihrem Bruder gegenüber beschrieben, die keinerlei Freunde hat, sondern all ihre Energie in seine Fürsorge steckt. Im weiteren Verlaufe der Geschichte versucht sie, sich mehr und mehr von ihrem Bruder abzugrenzen, indem sie die Rolle der Mutter ablegt und sich einen eigenen Freundeskreis in der Schule sucht. Auffällig ist bei dieser Figur der Unterschied hinsichtlich ihrer Komplexität in der Primär- und Sekundärwelt: Im Gegensatz zu der Primärwelt, handelt es sich in der Sekundärwelt lediglich um eine eindimensionale Figur. Diese wird in der Prinzessin widergespiegelt. Sie wird als schwach beschrieben und der Fokus liegt auf äußerlichen Merkmalen[54] der Figur. Sie wird als eine schöne Prinzessin mit einem prunkvollen Kleid beschrieben. Ihre Charaktermerkmale werden die gesamte Episode über als schwach, krank und abhängig von dem Fürsten und seiner Gefolgschaft beschrieben. Die negative Figurenspiegelung in der Sekundärwelt zeigt sich in den Charaktereigenschaften der Prinzessin: War zuvor in der Primärwelt Martin abhängig von der Schwester und stellte einen schwachen Charakter dar, ist nun die Prinzessin (beziehungsweise die gespiegelte Figur der Schwester) eine schwache Figur, die abhängig von dem Fürsten ist. Demzufolge sind auch die Interdependenzen negativ gespiegelt und stellen die Basis für die positive Entwicklung und die spätere positive Auflösung der Komplikation[55] dar, auf der die Teilkomplikationen beruhen. Die Komplikation, die für beide Handlungsträger und somit für die gesamte Handlung zentral ist, ist der Verlust der Mutter. Diese Komplikation bringt die Schädigung mit sich, da das „personale Gut" *Mutter* den Protagonisten abhanden gekommen ist. Aus dieser Komplikation ergeben sich mehrere Teilkomplikationen: Die Interdependenzen zwischen dem Geschwisterpaar, die negative Entwicklung des Bruders in der ersten Episode, die verschobenen Rollenverteilungen in der Familie, die Erkrankung der Schwester (in der realen Welt) und die Erkrankung der Prinzessin (in der phantastischen Welt), der Unfall des

---

[54] Bei den Figurenmerkmalen wird nach den relativ stabilen Eigenschaften einer Figur gefragt. Diese beziehen sich auf äußere, soziale und innere Merkmale (Vgl.: Leubner / Saupe: Erzählungen in Literatur und Medien und ihre Didaktik. Baltmannsweiler: Schneiderverlag Hohengehren. 2006. S. 63). Bei der Prinzessin in der Sekundärwelt werden lediglich stabile äußere Merkmale beschrieben, innere oder soziale Merkmale werden – im Gegensatz zu der Figur der Schwester in der Primärwelt – außen vorgelassen. Hier sieht man auch den Aspekt der Ein- beziehungsweise Mehrdimensionalität dieser Figur: In der realen Welt stellt sie einen mehrdimensionalen Charakter, in der phantastischen Welt einen eindimensionalen Charakter dar.
[55] Die Autoren Leubner und Saupe beschreiben eine Komplikation folgendermaßen: „Eine Komplikation bezieht sich auf ein Gut (materiell, personal, ideell), dessen Genuss für eine Figur wertvoll ist. Eine Schädigung ergibt sich dann, wenn die Figur dieses Gut verloren hat oder zu verlieren droht (bzw. es ihr beschädigt wird oder beschädigt zu werden droht); ein Mangel, wenn sie es nicht besitzt, aber besitzen möchte. Zumeist können in einer Erzählung verschiedene Komplikationen aus Sicht unterschiedlicher Figuren festgestellt werden; in der Regel lässt sich jedoch erkennen, welche dieser Komplikationen für die Handlung zentral ist, vor allem daran, dass eine Figur ihre Betroffenheit über die Komplikation zum Ausdruck bringt." (Vgl.: Leubner / Saupe: Erzählungen in Literatur und Medien und ihre Didaktik. Baltmannsweiler: Schneiderverlag Hohengehren. 2006. S. 60).

Handlungsträgers und der Konflikt zwischen dem Geschwisterpaar. Diese Teilkomplikationen beruhen alle auf der personellen Schädigung. Die positive Auflösung[56] dieser Teilkomplikationen erfolgt innerhalb der phantastischen Welt, indem der Handlungsträger reift und an Identität gewinnt und setzt sich in der realen Welt in der dritten (und letzten) Episode fort. Der Aspekt der Auflösung ist hier positiv, da die zentrale Schädigung (die Interdependenzen, die zwischen dem Geschwisterpaar herrschten) in der dritten Episode aufgehoben werden. In Hinblick auf den Tod der Mutter, kann diese Komplikation weder eine positive noch negative Auflösung wiederfahren. Hierbei handelt es sich um eine „weder eindeutig überwundene noch eindeutig nicht überwundene" Auflösung. Der Verlust des personalen Gutes *Mutter* und die damit einhergehende Schädigung bleiben zwar bestehen, jedoch ändern sich die hieraus zuvor für die Handlungsträger entstandenen Teilkomplikationen. Diese werden überwunden und unterliegen demzufolge einer positiven Auflösung. Auch der Reifungsprozess des Handlungsträgers in der Sekundärwelt unterliegt einer positiven Auflösung. Die aus dem mangelnden Selbstbewusstsein entstandenen Schädigungen, die sich auf den Unfall der Schwester, den Unfall des Protagonisten und die verschobene Rollenverteilung in der Familie beziehen, werden durch die Erfahrungen und zu lösenden Aufgaben in der Sekundärwelt positiv aufgelöst. Die Schwester erwacht aus dem Koma, der Handlungsträger nimmt wieder die Rolle des Bruders und die Schwester legt demzufolge die Mutterrolle ab, die Interdependenzen werden rückgängig gemacht und die Handlungsträger sind zu zwei verantwortungsvollen Figuren (aufgrund der Reifung des Handlungsträgers innerhalb der zweiten Episode in der Sekundärwelt) in der Primärwelt herangewachsen. Die Faktoren beziehungsweise Motive[57] für die Komplikation als auch für die Schädigung sind schicksalhafter Natur. Die Komplikation, aus der die Teilkomplikation resultieren, der Tod der Mutter ist ein Motiv, das schicksalhaft determiniert ist.

6 Schlusswort

Das Genre der der Phantastik scheint wahrhaftig ein Genre mit zahlreichen für die reale Welt des Lesers undenkbaren Topoi und Motive zu sein: Phantastische Anderswelten, durch

---

[56] Unter dem Aspekt der Auflösung „soll danach gefragt werden, ob die zentrale Schädigung oder der zentrale Mangel, die / der die Handlung einer Erzählung grundlegend bestimmt, für die betroffene Figur schließlich a) abgewehrt / rückgängig gemacht wird beziehungsweise aufgehoben werden kann (positive Auflösung), b) nicht abgewehrt / nicht rückgängig gemacht beziehungsweise nicht aufgehoben werden kann (negative Auflösung), c) weder eindeutig überwunden noch eindeutig nicht überwunden wird. Eine weder positive noch negative Auflösung entsteht dann, wenn die Komplikation nur teilweise abgewehrt / rückgängig gemacht werden beziehungsweise aufgehoben werden kann oder wenn sie schließlich als solche nicht mehr besteht, weil sich die zentralen Güter der betroffenen Figur verändert haben" (Vgl.: Ebd., S. 60).

[57] „Unter diesem Aspekt soll danach gefragt werden, welche explizit oder implizit dargestellten Motive a) für die Komplikation b) für die Auflösung maßgeblich sind, die die Handlung einer Erzählung grundlegend bestimmen. Die Motive können vielfältiger Art sein, zum Beispiel gesellschaftlicher, natur- oder schicksalhafter. Oft lassen sich Komplikation und Auflösung jedoch auf Besonderheiten der Figuren zurückführen, besonders häufig auf relativ stabile Figurenmerkmale, sodass die Handlungsanalyse an dieser Stelle mit einer Figurenanalyse verknüpft werden muss" (Vgl.: Leubner / Saupe: Erzählungen in Literatur und Medien und ihre Didaktik. Baltmannsweiler: Schneiderverlag Hohengehren. 2006. S. 61).

geheimnisvolle Schleusen und Portale zu betreten, voller Magie, verzauberten Orten und Gegenständen, andersartigen Wesenheiten und facettenreichen Persönlichkeiten mit übernatürlichen Kräften. Die phantastische Kinder- und Jugendliteratur weist häufig eine moraldidaktische Funktion auf eignet sich hervorragend, um Identifikationsprozesse bei den jungen Rezipienten hervorzurufen. Durch die Erlebnisse der jungen Handlungsträger, hier durch den Protagonisten Martin in der Sekundärwelt, finden sich die Kinder und Jugendlichen wieder und können beim Lesen in die andere, phantastische Welt eintauchen und selbst (durch die Erfahrungen des Protagonisten) erleben, wie sie mit traumatischen oder negativen Lebensereignissen umgehen können. Außerdem lernen sie, dass sie nicht alleine mit ihren Problemen sind und können sich so in der phantastischen Literatur einen gewissen Halt und Trost suchen, der sie durch einsame oder traurige Zeiten begleitet und ihnen Kraft gibt, nicht aufzugeben, sondern, genau wie der Held, weiterzumachen und in schwierigen an sich zu selbst zu glauben und an sich zu arbeiten. Des Weiteren bringt die phantastische Literatur die Kinder und Jugendlichen in andere, fremde Erzählwelten, die sie fernab der Realität ein wenig den Alltag und die Sorgen vergessen lassen. Sie „werden zu" Kämpfern, die ganze Königreiche retten und zu Figuren, die über wundersame Fähigkeiten verfügen, die ihnen erlauben, anderen und sich selbst gegen das Böse zu helfen und unüberwindbare Aufgaben mit Bravur zu meistern und daran zu wachsen. Die Reifungsprozesse, die bei den Protagonisten mit Hilfe der phantastischen Welt einsetzen, übertragen sich auf die jungen Rezipienten und lassen auch sie (ein wenig) an Erfahrung dazugewinnen. Beenden möchte ich diese Arbeit mit einem Zitat von Briggs und Pratchett, das zeigt, wie weit uns die phantastische Literatur einnehmen kann:

> *Fantasy is like alcohol – too much is bad for you, a little bit makes the world a better place. Like an exercise bicycle it takes you nowhere, but it just might tone up the muscles that will [take you somewhere]. Daydreaming got us where we are today, early on in our minds wonder so well that they started coming back with souvenirs.*[58]

Die phantastische Literatur ist wie Radsport, man fährt auf der Stelle, aber man bringt seine Muskeln in Form, die einen (doch) „irgendwo" hinbringen. Das Tagträumen ist noch mehr: Es ist wie der Genuss von Alkohol, zu viel davon ist schlecht für uns, ein wenig macht die Welt zu einem besseren Ort. Dass das Tagträumen und die phantastische Literatur uns doch „weiterbringen", nachdem wir uns auf sie eingelassen haben, zeigt, dass unsere inneren

---

[58]Brittnacher, Hans Richard, May, Markus (Hrsg.). Phantastik. Ein interdisziplinäres Handbuch. Stuttgart. Weimar: J. B. Metzler Verlag, 2013, 273, zit. nach: Pratchett / Briggs 2000, S. 10.

Träume und Phantasien zu Wirklichkeit werden können, wir müssen nur fest an sie glauben und sie in die Tat umsetzen, genau wie unsere jungen Helden aus der phantastischen Literatur.

7 Literaturverzeichnis

Verwendete Bücher:

Brittnacher, Hans Richard; May, Markus (Hrsg.). Phantastik. Ein interdisziplinäres Handbuch. Stuttgart. Weimar: J. B. Metzler Verlag 2013.

Ewers, Hans-Heino. Literaturanspruch und Unterhaltungsabsicht. Studien zur Entwicklung der Kinder- und Jugendliteratur im späten 20. Und frühen 21. Jahrhundert. Bd. 85, 20013.

Gansel, Carsten. Moderne Kinder- und Jugendliteratur. Vorschläge für einen kompetenzorientierten Unterricht. 4. überarbeitete Auflage. Berlin: Cornelsen Scriptor Verlag 2010.

Kaminski, Winfred. Einführung in die Kinder- und Jugendliteratur. Literarische Phantasie und gesellschaftliche Wirklichkeit. Juventa Verlag Weinheim und München 1989.

Leubner, Martin / Saupe, Anja. Erzählungen in Literatur und Medien und ihre Didaktik. Schneider Verlag Hohengehren GmbH 2012.

Leubner, Martin / Saupe, Anja. Erzählungen in Literatur und Medien und ihre Didaktik. Baltmannsweiler. Schneider Verlag Hohengehren GmbH 2006.

Marquardt, Manfred. Handbuch Kinder- und Jugendliteratur. 1. Auflage. Troisdorf: Bildungsverlag EINS 2010.

Mohr, Judith. Zwischen Mittelerde und Tintenwelt. Zur Struktur Fantastischer Welten in der Fantasy. Frankfurt am Main: Peter Lang Verlag, 2012.

Müller, Jan-Dirk: Reallexikon der deutschen Literaturwissenschaft. Neubearbeitung des Reallexikon der deutschen Literaturgeschichte. Bd. III:P-Z. (o.a.) Walter de Gruyter Verlag 2003.

Schikorsky, Isa. Schnellkurs Kinder- und Jugendliteratur. 2. Auflage. Köln: Dumont Literatur und Kunstverlag 2003.

Todorov, Tzvetan. Einführung in die fantastische Literatur. Fischer Taschenbuch Verlag Frankfurt am Main 1992.

Aufgerufene Internetquellen:

http://tolkiengateway.net/wiki/Eucatastrophe, aufgerufen am 15.05.2015.